MINISTÈRE DU COMMERCE ET DE L'INDUSTRIE.

COMITÉ CONSULTATIF D'HYGIÈNE PUBLIQUE DE FRANCE.

SECOND RAPPORT

ADRESSÉ À M. LE MINISTRE DU COMMERCE

SUR

LA PROPHYLAXIE SANITAIRE MARITIME,

DES

MALADIES PESTILENTIELLES EXOTIQUES,

PAR M. LE Dr A. PROUST,

INSPECTEUR GÉNÉRAL DES SERVICES SANITAIRES.

PARIS.

IMPRIMERIE NATIONALE.

M DCCC LXXXVI.

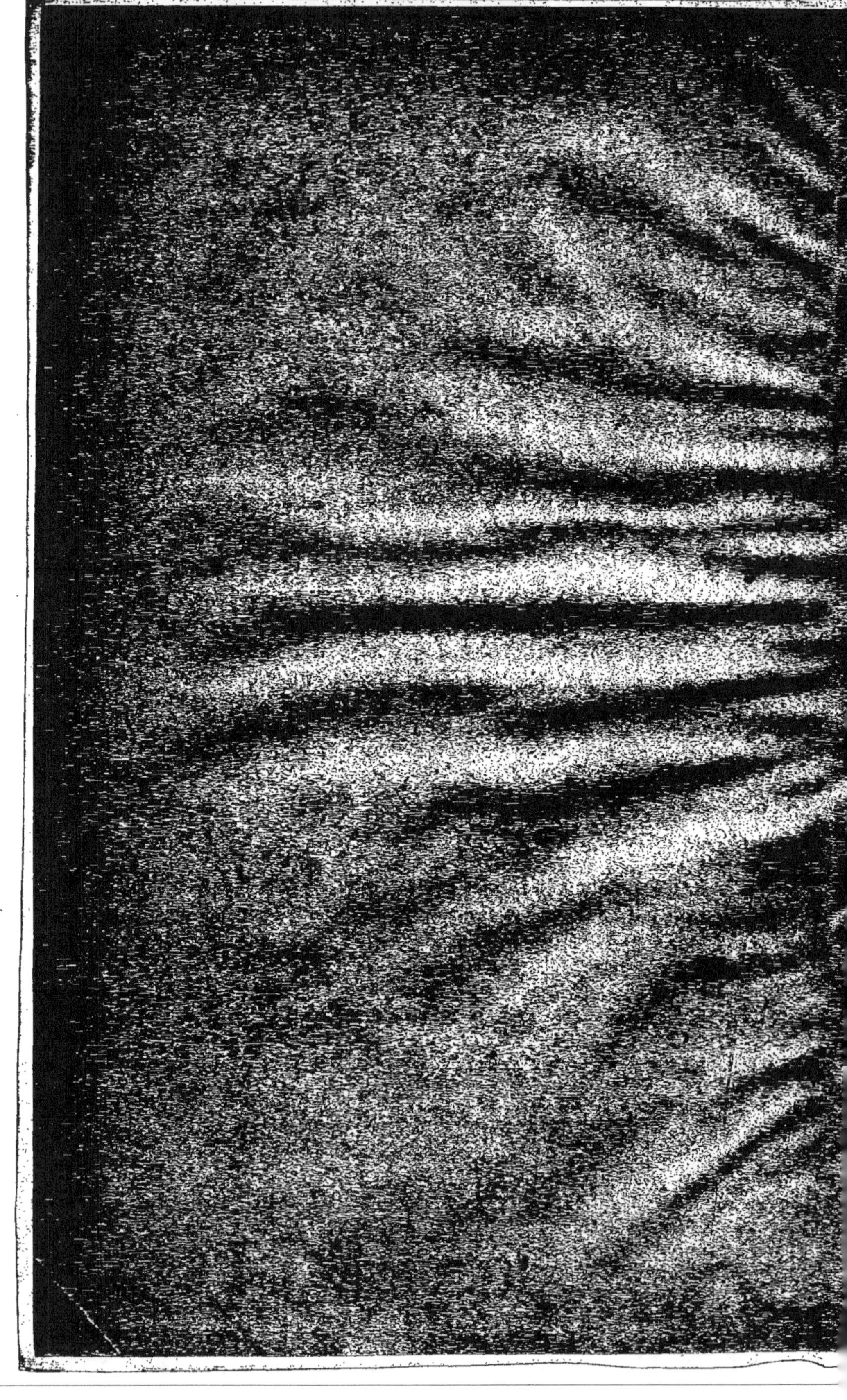

SECOND RAPPORT

ADRESSÉ À M. LE MINISTRE DU COMMERCE

SUR

LA PROPHYLAXIE SANITAIRE MARITIME

DES

MALADIES PESTILENTIELLES EXOTIQUES [1]

PAR M. LE Dr A. PROUST,

INSPECTEUR GÉNÉRAL DES SERVICES SANITAIRES.

Paris, le 14 janvier 1885.

Monsieur le Ministre,

J'ai eu l'honneur de vous faire remarquer, dans un précédent rapport [2], que la plupart des entraves imposées au commerce et à la navigation par les quarantaines ne sont que la conséquence de l'inobservance à bord des règles hygiéniques les plus élémentaires, et que ces entraves disparaîtront à peu près complètement le jour où l'on voudra faire exécuter sur ces bâtiments des prescriptions sanitaires rationnelles.

Comme il existe, en effet, une sorte de corrélation entre les garanties données à la santé publique par les mesures de désinfection et les mesures de quarantaine, l'administration sanitaire pourra diminuer sans inconvénient la durée des quarantaines, en raison des garanties données par la rigueur de la désinfection.

Ce sont ces garanties qu'il s'agit aujourd'hui de formuler, et ce sont elles que j'ai codifiées dans les projets de règlements qui sont annexés à ce rapport.

Cependant il est une première remarque sur laquelle il est nécessaire d'insister, relativement aux conditions différentes que présentent les diverses classes de navires; toutes, en effet, n'exposent pas au même danger d'importation des maladies pestilentielles

[1] Rapport inséré au *Journal officiel de la République française* du 9 juillet 1885.
[2] Rapport inséré au *Journal officiel de la République française* du 29 octobre 1884 et au *Recueil des travaux du Comité consultatif d'hygiène publique de France et des actes officiels de l'Administration sanitaire*, t. XIV, p. 1.

exotiques, et pour toutes, également, les entraves quarantenaires ne présentent pas les mêmes inconvénients.

Les transformations opérées dans la marine depuis ces dernières années ont coïncidé avec des conditions hygiéniques qui varient selon le type des bâtiments.

Les navires de guerre, qui se subdivisent en navires de combat et en navires de transport, présentent généralement des conditions hygiéniques satisfaisantes, toutefois plus satisfaisantes sur les premiers que sur les seconds.

Les grands paquebots français, anglais, hollandais, italiens, etc., faisant un service postal, desservant à jour fixe de grandes lignes : les ports de la Méditerranée, de la mer Noire, des Indes, de la Chine, de l'Australie, de l'Amérique, rivalisent pour la tenue avec les bâtiments de guerre et méritent de figurer à côté d'eux dans une première classe.

En deuxième catégorie viennent les bâtiments à vapeur affectés seulement au transport de marchandises et que l'on désigne habituellement sous le nom de *cargo-boats*; ces navires français, anglais, italiens, n'ayant pas de médecin à bord, ne reçoivent pas, en général, de passagers.

Quelques-uns pourtant sont aménagés pour en prendre un certain nombre. Ordinairement ils n'embarquent que de grandes quantités de marchandises : les conditions hygiéniques de cette seconde classe laissent en général plus à désirer que celles de la première.

Enfin on peut constituer une troisième classe des navires à voile de toutes les nations qui se livrent exclusivement au transport des marchandises et qui, par le fait d'un long séjour à la mer, se trouvent dans des conditions hygiéniques moins favorables.

Il est évident que les règles de l'hygiène ayant été observées d'une façon différente pendant le voyage, les mesures de précaution et d'assainissement doivent également varier à l'arrivée, et je répéterai que les retards causés par les quarantaines ne produisent pas les mêmes troubles pour chacune de ces classes : quelques jours de quarantaine offrent peu d'inconvénients pour un navire spécialement chargé de marchandises; la situation est toute différente s'il s'agit de ces grands paquebots chargés de passagers qui font en douze ou quatorze jours la traversée des Antilles à Saint-Nazaire.

Nous avons maintenant à déterminer les mesures qui doivent offrir une garantie sérieuse à la santé publique et qui permettront, si elles sont exactement exécutées, d'adoucir dans certaines circonstances la sévérité du règlement.

I. Un premier point très important, est d'inscrire l'obligation, pour les navires à passagers, d'être pourvus d'un bon système de ventilation qui aille puiser l'air suspect jusque dans les profondeurs des cales, jusque dans les mailles de leurs parois, et qui le remplace à la haute mer par l'air si pur que l'on respire au large. Sur les lignes à fièvre jaune surtout, il faut ventiler les cales, et on ne ventile les cales chargées qu'avec un outillage spécial, allant pomper l'air contaminé jusqu'au fond du navire sous chargement. Cet outillage est coûteux, mais les frais d'installation seraient couverts par les remises sur les quarantaines d'observation dont bénéficierait l'armement.

II. Une seconde garantie également d'une grande valeur, est la présence, à bord des bâtiments, d'un médecin; mais ici une question se présente :

Quel caractère doit présenter ce médecin?

Doit-il être nommé par l'administration sanitaire?

Ou commissionné?

Ou simplement embarqué?

Depuis le décret de 1853, la tendance de l'administration a été d'intéresser les compagnies à avoir des médecins commissionnés, en accordant aux paquebots ayant à bord un médecin commissionné certains avantages que l'on refusait aux autres navires. Les diverses dépêches qui octroyaient ces privilèges (de 1853 à 1870) mentionnent toujours que ces privilèges ne visent que les paquebots ayant à bord un médecin commissionné. Cependant la commission actuelle, demandée par les compagnies, est lettre morte; ces médecins sont trop sous l'action des agents de la compagnie; il y a toutefois une exception à constater pour les médecins appartenant à la marine militaire, et prêtés à la Compagnie générale transatlantique.

Aussi il me paraîtrait préférable que les médecins, au lieu d'être commissionnés, fussent des fonctionnaires relevant directement de l'administration, nommés par elle après un examen subi devant une commission prise dans le Comité consultatif d'hygiène publique de France ou présidée par l'un de ses membres.

Ce serait une assimilation à ce qui se passe à l'égard des agents des postes.

Nommés par le Ministre du commerce, ne pouvant être révoqués que par lui, ces médecins deviendraient des organes des services sanitaires; ils n'auraient d'autre intérêt que l'intérêt de ce service; tandis qu'aujourd'hui, commissionnés ou non, ils sont sous la dépendance absolue de la compagnie qui les paye, les maintient ou les révoque à son gré. Nous ne devons pas les exposer à ce que leur conscience et leur intérêt puissent se trouver en opposition.

D'un autre côté, cependant, il y aurait une aggravation budgétaire pour le Département du commerce s'il devait prendre à sa charge le traitement de ce nouvel ordre de médecins sanitaires.

Pour cette raison, il y aurait lieu d'établir une convention avec les compagnies de navigation, stipulant que toute nomination de médecins sanitaires à bord d'un bâtiment entraînerait le versement, entre les mains de l'État, de la somme affectée au traitement du médecin.

Toutefois nous pensons que le médecin, nommé par l'administration sanitaire, ne doit pas être imposé aux compagnies; mais sa présence à bord, étant une garantie sérieuse de l'exécution des mesures d'assainissement, donnera certains privilèges aux navires qui en seront pourvus. Un règlement annexé à ce rapport fait connaître les attributions et les devoirs des médecins embarqués.

III. Mesures d'assainissement et de désinfection. — Ces mesures doivent être prises:

1° Au point de départ ou d'escale d'une région contaminée;

2° Pendant la traversée;

3° Enfin, à l'arrivée, si les mesures prescrites au point de départ ou pendant la traversée n'ont pas été suffisantes, ou si des accidents se sont montrés à bord.

Remarquons, au sujet de la désinfection, que la présence d'une étuve à vapeur sur le navire ne saurait être trop recommandée. Il sera d'ailleurs facile de l'installer sur les grands paquebots.

Trois projets de règlements et d'instructions précisant les mesures d'assainissement et de désinfection:

1° Au point de départ;

2° Pendant la traversée;

3° A l'arrivée;

sont annexés à ce rapport.

La connaissance de ces règlements et de ces instructions est

nécessaire pour les médecins du bord et pour les capitaines, qui
souvent ignorent ce qu'ils ont à faire et qui quelquefois invoquent
cette méconnaissance pour excuser leur inaction. Ces prescriptions
ne sont codifiées nulle part, sauf dans les règlements de quelques
compagnies où elles sont fort incomplètes. Aussi, Monsieur le Ministre, lorsque vous leur aurez donné votre approbation, il sera
utile que vous autorisiez leur tirage à un nombre d'exemplaires
suffisant pour qu'il en soit remis un à chaque capitaine et à chaque
médecin.

Les conditions si diverses que nous venons de passer en revue,
si variables au point de vue de la classe des bâtiments, de la présence ou de l'absence d'un médecin sanitaire à bord, de l'existence
ou non sur le paquebot d'une étuve à désinfection, si diverses
également à l'égard des mesures d'assainissement prises au point
de départ et pendant la traversée, montrent qu'il faut laisser une
grande latitude aux autorités sanitaires locales pour l'application
des moyens de prophylaxie.

Il est une dernière observation sur laquelle je désire, Monsieur
le Ministre, appeler votre attention avant de terminer.

Sans doute, les mesures que j'ai l'honneur de vous proposer
auraient pour notre commerce et notre navigation à l'étranger,
pour le commerce et la navigation étrangère chez nous, un résultat
beaucoup plus avantageux, si elles étaient consacrées par une
Convention internationale.

Mais, en attendant, nous pouvons toujours commencer à les ap-
pliquer dans notre pays, espérant que notre exemple sera suivi.
Nous éviterons plus tard par un accord entre les divers Gouverne-
ments les folies quarantenaires auxquelles la dernière épidémie de
choléra nous a fait assister.

Si, en effet, dans cette question, comme d'ailleurs pour toutes
les autres, la sauvegarde de la santé publique doit être notre premier objectif, nous ne devons demander que les sacrifices nécessaires et n'exiger que l'exécution des mesures dont l'utilité nous
est démontrée.

Tels sont, Monsieur le Ministre, les principes qui m'ont guidé
dans la rédaction des projets de réforme que j'ai l'honneur de soumettre à votre approbation; mais, avant de vous les proposer, j'ai
tenu à m'adresser à l'expérience des principaux Directeurs de la
santé et à leur demander leur avis. J'ai puisé dans les réponses de

mes collaborateurs du Havre, de Marseille, de Saint-Nazaire, de Pauillac et de Toulon, des renseignements précieux que j'ai utilisés pour la rédaction des divers projets de règlements; enfin je les ai soumis au Comité de direction des services de l'hygiène.

Veuillez agréer, Monsieur le Ministre, l'hommage de mon profond respect.

L'Inspecteur général des services sanitaires,

Signé : A. PROUST.

Le Comité consultatif d'hygiène publique de France a approuvé les conclusions de ce rapport, ainsi que les projets de règlements ci-après annexés, dans sa séance du 11 mai 1885.

ANNEXES

PROJETS DE RÈGLEMENTS

I.

DES MÉDECINS EMBARQUÉS; LEURS ATTRIBUTIONS, LEURS DEVOIRS.

Considérations générales.

1. Dans l'intérêt de la santé publique et dans celui des compagnies de navigation, les médecins embarqués doivent user de tous les moyens que la science et l'expérience ont mis à leur disposition :

A. Pour préserver le navire des maladies pestilentielles exotiques (peste, fièvre jaune, choléra) et des autres maladies contagieuses graves;

B. Pour empêcher ces maladies, lorsqu'elles viennent à faire apparition à bord, de se propager parmi le personnel confié à leurs soins et dans les populations des divers ports que leur navire est appelé à fréquenter.

2. Dans le cas d'invasion à bord d'une maladie pestilentielle, le médecin doit veiller à ne pas jeter le trouble dans l'esprit de gens faciles à démoraliser.

3. Le médecin embarqué doit toujours avoir présent à l'esprit que, pour prévenir la propagation à bord et l'importation, aux ports d'escale ou d'arrivée, des maladies pestilentielles, la désinfection a le premier rôle et le plus important.

Règlement.

1. Les bâtiments à vapeur affectés au service postal ou au transport de nombreux voyageurs qui font des trajets dont la durée, les escales comprises,

dépasse quarante-huit heures, sont tenus d'avoir à bord un médecin français pourvu du diplôme de docteur en médecine, qui prend le nom de *médecin embarqué*.

Les navires pourvus de médecins nommés par l'administration sanitaire, après un examen subi devant une commission prise dans le Comité consultatif d'hygiène publique de France, ou présidée par un de ses membres, jouiront à l'arrivée dans un port français, pour la libre pratique, de certains privilèges qui seront déterminés dans des règlements spéciaux concernant chacune des maladies pestilentielles exotiques.

2. Le médecin embarqué veille à la santé du personnel du bord, passagers et équipage, et lui donne ses soins en cas de maladie.

Il fait observer à bord les règles de l'hygiène. Il a pour obligation de s'opposer à l'introduction à bord des personnes atteintes d'affections contagieuses et des marchandises qui, par leur nature ou leur état, pourraient nuire à la santé des personnes embarquées.

3. Le médecin embarqué inscrit jour par jour, sur un registre spécial, toutes les circonstances qui peuvent être de nature à intéresser la santé du bord.

Il note avec soin les maladies observées, même les simples accidents, ainsi que le traitement appliqué et ses suites.

Il mentionne, avec une attention toute particulière, les dates d'invasion, de guérison ou de terminaison fatale, de tous les cas de maladies contagieuses, avec indication des détails essentiels que comporte la nature de chaque cas.

Pour chaque escale ou relâche, il consigne, sur son registre, les dates d'arrivée ou de départ, ainsi que les renseignements qu'il a pu recueillir sur l'état de la santé publique dans les divers ports visités par le navire sur lequel il est embarqué.

4. Le médecin embarqué est tenu, à l'arrivée dans un port français, de communiquer à l'autorité sanitaire son registre spécial en même temps que la patente de santé.

Il répond à l'interrogatoire de l'autorité sanitaire et fournit de vive voix, au besoin par écrit, tous les renseignements qui lui sont demandés.

5. Les déclarations du médecin à l'autorité sanitaire du port d'arrivée sont reçues sous la foi du serment.

Le délit de fausse déclaration prévu par la loi du 3 mars 1822 [1] sur la police sanitaire, est rigoureusement poursuivi conformément aux dispositions de l'article 13 de ladite loi.

6. Le médecin indique au capitaine toutes les mesures d'hygiène, toutes les précautions que lui paraît réclamer la conservation de la santé de l'équipage et des passagers et se concerte avec lui pour la bonne exécution de ces mesures.

7. Pendant le séjour dans un port contaminé, le médecin veille avec un redoublement d'attention à ce que les règles générales d'hygiène soient respectées par tout le personnel et observées à l'égard des logements et de toutes les parties accessibles du navire.

[1] Loi insérée au *Recueil des travaux du Comité consultatif d'hygiène publique de France et des actes officiels de l'Administration sanitaire*, t. XIV, p. 651.

Il visite, matin et soir, les gens de l'équipage et les passagers et donne à chacun les conseils nécessaires ; il doit surtout porter son attention sur les passagers valétudinaires et restant habituellement enfermés.

8. En cas d'invasion à bord d'une maladie pestilentielle ou suspecte, le médecin prévient immédiatement le capitaine et lui indique les mesures de préservation nécessaires.

9. Le médecin fait isoler dans une partie bien aérée du navire les malades atteints d'une affection pestilentielle ou contagieuse.

Il veille à ce que toutes les déjections des malades soient immédiatement désinfectées et jetées à la mer.

Il fait détruire ou il soumet à une désinfection rigoureuse les linges, hardes, objets de literie, etc., dont les patients ont fait usage pendant le cours de leur maladie.

Il fait également désinfecter les parties suspectes du navire, et plus spécialement les infirmeries et les autres logements dans lesquels ont séjourné les malades.

10. Le médecin inscrit sur le registre toutes les mesures prises pour l'isolement des malades, pour la désinfection des déjections, pour la destruction ou la purification des hardes, du linge et des objets de literie, pour la désinfection des logements ; la nature, les doses et le mode d'emploi des substances désinfectantes ; la date de chaque opération.

Au port d'arrivée, l'autorité sanitaire ne statue qu'après avoir pris connaissance des faits et observations consignés dans le registre médical, dont la véracité est affirmée sous la foi du serment par le capitaine et par le médecin du navire.

II.

MESURES D'ASSAINISSEMENT ET DE DÉSINFECTION.

1° MESURES AU POINT DE DÉPART.

A. *Règlement.*

1. En arrivant en rade d'un port contaminé, le capitaine choisit un mouillage situé à distance de la ville où règne l'épidémie et des navires qu'elle a déjà envahis. S'il est contraint d'entrer dans le port et de s'amarrer à quai, il doit éviter autant que possible de se placer dans le voisinage des bouches d'égout ou des ruisseaux par lesquels se déversent les eaux vannes de la ville.

2. Le matin, les tentes sont serrées pendant le lavage du pont et jusqu'à ce que celui-ci soit sec.

Le lavage du pont est suspendu si l'eau qui entoure le navire placé près de terre est souillée ou suspecte ; il est alors frotté à sec.

3. Les promenades à terre sont absolument interdites dans un port contaminé et sous aucun prétexte les hommes ne doivent coucher à terre.

4. Les lieux d'aisances sont désinfectés deux fois par jour.

5. La cuisine est nettoyée chaque jour. Les eaux sales sont immédiatement jetées à la mer.

6. La chaufferie et la chambre des machines, les anguillers sont nettoyés et débarrassés des amas d'huile, de suif et de poussière de charbon.

7. L'eau prise dans un port contaminé est dangereuse; s'il y a absolue nécessité de renouveler la provision, l'eau est bouillie avant d'être consommée.

8. Le chargement du navire ne commence que lorsque son nettoyage a été opéré soit par les moyens ordinaires, soit par un procédé spécial de désinfection, si cela a été jugé nécessaire. Il est visité à cet effet par le capitaine et le médecin. Le résultat de la visite est relaté sur le registre du médecin.

9. Le médecin examine avec une attention spéciale les passagers qui se présentent pour embarquer provenant d'un port contaminé. Il refuse ceux qui lui paraissent suspects, ainsi que les convalescents dont la guérison ne remonte pas à quinze jours au moins.

Pour ceux qui lui paraissent dans de bonnes conditions, il veille à ce qu'ils n'introduisent pas à bord des linges, des hardes ou des objets de literie, souillés ou suspects.

Les vêtements des passagers sont placés dans une étuve à désinfection par la vapeur ou dans un endroit clos dans lequel on dégage de l'acide sulfureux.

Le linge souillé ou suspect est placé dans l'eau maintenue bouillante ou dans une solution désinfectante.

10. Les sacs renfermant les vêtements d'individus ayant succombé à l'étranger sont également désinfectés avant le départ et ils ne sont reçus que si le médecin et le capitaine se sont assurés personnellement que la désinfection a été rigoureuse. La date de cette opération est consignée sur une étiquette placée sur le sac et comprenant le nom de l'homme, la date et le lieu de son décès.

11. Les vêtements et objets de literie ayant servi aux individus morts de la peste, de la fièvre jaune et du choléra ne sont jamais acceptés.

12. Dans un port contaminé, les compartiments strictement obligatoires pour le déchargement et le rechargement et pour y pratiquer les purifications sont seuls ouverts.

13. Lorsque l'affection pestilentielle se montre à bord d'un navire pendant le séjour dans un port contaminé, les malades, chez lesquels les premiers symptômes de cette affection ont été dûment constatés, sont immédiatement dirigés sur le lazaret ou, à son défaut, sur l'hôpital, et tous leurs effets, les objets de literie qui leur ont servi sont détruits ou désinfectés.

14. Quand un navire est sorti de la zone supposée suspecte, la ventilation est effectuée avec plus de soin encore que dans des conditions ordinaires de la navigation.

B. *Instruction*.

Les prescriptions précédentes, dont l'expérience a permis de constater l'utilité, doivent être exécutées et pour sauvegarder la santé publique et dans l'intérêt même des compagnies de navigation. Elles ont, en effet, pour but non seulement de préserver la santé des équipages et des passagers, mais aussi d'éviter des retards et des quarantaines auxquels les craintes d'infection pourraient donner lieu au port d'arrivée.

1. Le séjour dans un port contaminé près de terre et surtout le long d'un warf ou appontement doit toujours être le moins prolongé possible.

2. Les patrons recevront l'ordre de ne laisser débarquer leurs hommes sous aucun prétexte et de retourner directement à bord aussitôt le débarquement de leurs passagers terminé.

Dans ce cas, il est plus prudent de faire usage des embarcations du pays, lorsqu'il en existe.

3. Le règlement a interdit les promenades à terre dans un port contaminé.

Pour les navires dont les points de relâche et la durée des escales sont déterminés d'avance et rendus obligatoires par un cahier des charges, comme par exemple les paquebots-poste, on devra restreindre au strict nécessaire les communications avec la terre.

A cet effet, l'équipage sera consigné et, s'il est possible, le navire évitera d'entrer dans le port et de s'amarrer à quai; il recevra en rade son chargement et son charbon.

4. On ne doit pas permettre aux gens de l'équipage de dormir en plein air pendant la nuit. Si cependant la chaleur était insupportable dans les logements, on établirait pendant la nuit une tente fermée du côté de la terre par un rideau, ouverte du côté du large. Les hommes doivent être complètement vêtus et munis de leurs couvertures.

5. Les logements des gens de l'équipage aussi bien que ceux des passagers de toute classe doivent être, au point de vue de la propreté et de l'aération, l'objet d'une surveillance incessante. Pour les postes d'équipage, la peinture au lait de chaux, appliquée une fois par semaine, est un bon moyen d'assainissement.

6. Le médecin recommandera de ne pas abuser des boissons alcooliques ni des boissons aqueuses : leur abus fatigue l'estomac, fait perdre l'appétit, provoque des sueurs abondantes et amène une faiblesse générale qui dispose à subir l'influence de toutes les causes de maladie.

7. Le règlement recommande de ne commencer le chargement qu'après le nettoyage du navire ou sa désinfection (fumigations sulfureuses, lavages et blanchiments au chlorure, etc.).

Ce nettoyage et cette inspection doivent atteindre les parties les plus profondes du navire.

A cet effet, un certain nombre de virures du parquet des cales doivent être mobilisables, de façon à permettre de visiter facilement jusqu'à la carlingue.

L'espace compris entre celle-ci et le tunnel de l'arbre de couche est spécialement recommandé à l'attention du commandant et du médecin. L'expérience a prouvé que, sans doute à cause de son accès difficile, il est souvent mal entretenu et peut devenir le réceptacle de matières en décomposition provenant des chargements antérieurs.

8. Le règlement prescrit que, dans un port contaminé, on ne doit ouvrir pour le déchargement et le rechargement que les compartiments strictement obligatoires. Avant de fermer le compartiment qui aura reçu des marchandises provenant du pays contaminé, une nouvelle et abondante fumigation sulfureuse sera pratiquée, à moins que les mouvements de roulis ne la fassent juger dangereuse pour la sécurité du navire; dans ce cas, on ajournera à un moment plus propice.

C'est surtout dans un port contaminé qu'il importe de ne laisser embarquer aucune marchandise dont la nature ou l'état de décomposition mettrait en danger la santé du personnel.

Le transport par les paquebots de matières animales suspectes, telles que peaux brutes, vertes ou sèches, ne sera autorisé que pendant la saison fraîche, soit, pour les lignes postales de l'hémisphère nord, de novembre à avril. Celui des cercueils est réglementé par les instructions du 25 janvier 1855.[1]

Ces cercueils ne doivent jamais être engagés sous les colis, mais placés au contraire de façon que la surveillance en reste facile pendant toute la traversée.

9. Le règlement prescrit que, si une affection pestilentielle fait son apparition à bord d'un navire pendant le séjour dans un port contaminé, les malades doivent être immédiatement dirigés sur le lazaret ou, à son défaut, sur l'hôpital de la ville où règne l'épidémie. D'une part, en effet, les malades trouveront dans ces établissements de meilleures conditions hygiéniques que celles du bord; d'autre part, leur éloignement dès le début empêchera la création sur le navire d'un foyer d'infection.

2° MESURES PENDANT LA TRAVERSÉE.

A. NAVIRES SUSPECTS.

Règlement.

1. Le linge de corps des passagers et de l'équipage, sali ou souillé, est lavé le jour même, après avoir été plongé dans l'eau maintenue bouillante ou dans une solution désinfectante.

2. Les vêtements sont désinfectés au moment du départ et au moment de l'arrivée dans une étuve à désinfection par la vapeur ou dans un espace clos dans lequel on dégage de l'acide sulfureux.

3. Les bagages des passagers sont placés dans des compartiments facilement accessibles; deux fois au moins pendant la traversée, ils sont montés sur le pont et mis à la disposition des passagers qui les ouvriront au grand air.

[1] Instructions insérées au *Recueil des travaux du Comité consultatif d'hygiène publique de France et des actes officiels de l'Administration sanitaire*, t. II, p. 54.

4. Les lieux d'aisances sont lavés et désinfectés deux fois par jour.

Dans toutes les cabines où séjournent des malades, des enfants, des passagers qui ne se rendent pas aux cabinets d'aisances, il doit être déposé une certaine quantité de substances désinfectantes dont l'usage est rendu obligatoire.

Des matières désinfectantes sont également mises à la disposition des passagers pour le nettoyage du linge des malades et des enfants.

Instruction.

1. La désinfection par l'acide sulfureux est faite par la combustion de 30 grammes de soufre par mètre cube de l'espace dans lequel l'acide sulfureux est dégagé. Cette opération est décrite complètement dans la partie de l'instruction qui vise les navires infectés.

2. La prescription pour les passagers d'ouvrir leurs bagages au grand air plusieurs fois pendant la traversée est peu praticable pour les caisses clouées. Mais elle ne rencontrera pas de difficultés pour les malles et coffres dans lesquels sont plus généralement renfermés les effets à usage.

3. La désinfection des lieux d'aisances sera effectuée par une solution de sulfate de cuivre ou de chlorure de chaux à 5 p. o/o ou de chlorure de zinc à 10 p. o/o.

Quant aux désinfectants qui sont délivrés aux passagers pour en faire usage dans les cabines, on délivrera de préférence des désinfectants solides, des cristaux de sulfate de cuivre, dont il suffit de mettre une petite quantité au fond du vase avant de s'en servir.

Si l'on préférait un désinfectant liquide, on ferait choix d'un liquide fortement coloré, comme la solution de sulfate de cuivre, pour éviter les méprises trop faciles dans la vie exceptionnelle du bord et les empoisonnements auxquels a donné lieu, par exemple, la solution de chlorure de zinc.

B. Navires infectés.

Règlement.

1. Dès que le médecin constate les premiers signes d'une affection pestilentielle, il en avise immédiatement le capitaine et prend, de concert avec lui, les mesures nécessaires pour isoler les malades du reste du personnel.

2. Les personnes dont la présence est indispensable pour le service ou le traitement des malades sont seules admises dans les cabines réservées.

Des hommes de l'équipage sont désignés pour remplir les fonctions d'infirmier; leur nombre est limité au strict nécessaire; leurs tours de veille et de repos sont réglés, afin d'éviter toute fatigue excessive.

On leur assigne une cabine particulière, comme logement ou lieu de repos, pendant la durée de leur service de garde-malade.

Le médecin du bord leur indique les précautions personnelles à prendre.

3. Dans le cas de lits superposés, un seul est occupé. Les matelas, couvertures, etc., de l'autre lit sont enlevés de la cabine, dans laquelle on ne laisse que les objets indispensables.

4. Les déjections des malades sont immédiatement désinfectées : la substance désinfectante est déposée d'avance au fond du vase destiné à recevoir les évacuations qui sont encore recouvertes d'une nouvelle dose de désinfectant et immédiatement jetées dans un water-closet spécialement affecté au service des malades et désinfecté lui-même plusieurs fois par jour.

5. Les vêtements, le linge, les serviettes, draps de lit, couvertures, etc., ayant servi aux malades, doivent toujours, avant de sortir du local isolé, être plongés dans l'eau maintenue bouillante pendant une demi-heure, ou dans une solution désinfectante pendant quatre heures.

Les vêtements et le linge des infirmiers sont soumis au même traitement avant d'être lavés.

Les objets infectés ou suspects, de peu de valeur, sont immédiatement jetés à la mer.

6. Les cadavres sont immédiatement jetés à la mer, ainsi que les objets de literie à l'usage du malade au moment de son décès.

7. Les poussières recueillies dans le balayage des infirmeries sont humectées à l'aide d'une solution désinfectante et immédiatement jetées à la mer, avec les précautions d'usage à l'égard de la direction du vent.

Les taches ou souillures sur les planchers sont lavées à l'aide d'un faubert imbibé d'une solution désinfectante. Après le lavage, le faubert est plongé dans un seau contenant une quantité suffisante du liquide désinfectant, puis lavé et essoré.

8. Les cabines ayant été occupées par des malades atteints d'une affection pestilentielle sont immédiatement nettoyées à fond, le parquet gratté et lavé à la potasse, les cloisons lessivées à la potasse, puis lavées avec une solution forte de chlorure de chaux; ces pièces sont ensuite soumises à une fumigation sulfureuse pendant vingt-quatre heures.

Les locaux ainsi fumigés restent ensuite largement ouverts et ne reçoivent aucun autre passager en santé pendant toute la traversée.

9. Toutes ces opérations de désinfection sont relatées avec détail à la date de leur exécution sur le registre spécial du médecin embarqué.

Le capitaine et le médecin certifient la sincérité des déclarations inscrites sur le registre par leur signature, aussi souvent qu'il y aura d'opération.

Instruction.

1. Si une affection pestilentielle apparaît à bord d'un navire en cours de traversée, il est absolument nécessaire, pour empêcher la propagation de la maladie parmi le personnel et son importation dans les ports d'escale et de destination :

1° D'isoler les malades;

2° De désinfecter immédiatement les déjections des malades, de détruire ou de désinfecter tous les objets qui ont été en contact avec eux pendant la durée de l'affection, de purifier les infirmeries ou cabines dans lesquelles ils ont séjourné, d'assainir les parties suspectes du navire.

2. L'infirmerie du bord qui reçoit les malades ordinaires n'est pas un lieu d'isolement.

3. Le local destiné à l'isolement des malades doit présenter les meilleures conditions de lumière et d'aération. Il est entretenu dans un état parfait de propreté.

4. Les infirmiers placés près des malades doivent, pendant leur service, se recouvrir de vareuses de toile qu'ils quittent à la fin de leur quart ; ils protégeront ainsi leurs vêtements de drap qui, souillés, pourraient servir de véhicule aux germes contagieux.

Ils doivent seuls avec le médecin et le capitaine pénétrer près du malade.

5. Ils s'astreignent aux règles suivantes :

Ne prendre aucune boisson ni aucune nourriture dans la cabine du malades ;

Se laver les mains fréquemment et, avant le repas avec du savon et une solution désinfectante ;

Se rincer la bouche de temps en temps et avant de manger avec une solution désinfectante.

Les vêtements souillés par les déjections provenant du malade sont immédiatement désinfectés.

6. Dans le cas d'une épidémie de fièvre jaune à bord, on recherche s'il se trouve parmi l'équipage des hommes qui aient été précédemment atteints de cette affection et on les prend de préférence pour infirmiers.

7. Les deux désinfectants principalement recommandés sont :

Le sulfate de cuivre ;

Le chlorure de chaux.

On fera usage de deux solutions :

L'une forte :

Sulfate de cuivre ou chlorure de chaux, 5 p. o/o, c'est-à-dire 5o grammes de sulfate de cuivre ou de chlorure de chaux dans un litre d'eau.

L'autre faible :

Sulfate de cuivre ou chlorure de chaux, 2 p. o/o, c'est-à-dire 2o grammes de sulfate de cuivre ou de chlorure de chaux dans un litre d'eau.

Enfin la solution faible d'acide chlorhydrique, 4 p. o/oo, est recommandée pour un usage spécial (rinçage de la bouche).

Lavage de la figure et des mains. — Pour le lavage de la figure et des mains, se servir de la solution faible de chlorure de chaux, 2 p. o/o.

Rinçage de la bouche. — Pour se rincer la bouche, employer une solution d'acide chlorhydrique au 4/1ooo (4 grammes d'acide chlorhydrique pour un litre d'eau).

Déjections. — Toutes les déjections des malades (matières de vomissements, matières fécales) sont immédiatement désinfectées avec l'une ou l'autre des solutions fortes, c'est-à-dire avec une solution de sulfate de cuivre ou de chlorure de chaux à 5 p. o/o.

Un verre de l'une ou de l'autre de ces solutions doit être versé préalablement dans le vase destiné à recevoir les déjections.

Ces déjections sont immédiatement jetées dans les cabinets, qui sont également désinfectés deux fois par jour avec l'une ou l'autre des solutions fortes.

Cabinets d'aisances. — Les cabinets d'aisances sont lavés deux fois par jour avec une solution forte désinfectante :

Sulfate de cuivre ou chlorure de chaux, 5 p. o/o.

Linges de corps. — Les linges de corps *souillés* sont trempés immédiatement dans l'eau maintenue bouillante pendant une demi-heure, ou restent pendant quatre heures dans une des deux solutions fortes (sulfate de cuivre ou chlorure de chaux, 5 p. o/o). Ce n'est qu'après qu'ils sont soumis à la lessive.

Les autres linges *non souillés* sont plongés dans une solution désinfectante faible (sulfate de cuivre ou chlorure de chaux, 2 p. o/o).

Habits. — Ils sont placés dans une étuve à désinfection par la vapeur pendant une heure, ou bien placés dans l'eau maintenue bouillante pendant une demi-heure.

Si ces deux procédés ne peuvent être employés, ils sont désinfectés par l'acide sulfureux de la façon qui est indiquée plus bas.

Les habits récemment souillés par les déjections des cholériques sont plongés pendant quatre heures dans l'une ou l'autre des deux solutions fortes.

Planchers, tapis, meubles. — Les taches ou souillures sur les planchers, les tapis, les meubles, etc., sont immédiatement lavées avec l'une des deux solutions fortes.

Matelas, literie, couvertures. — Ils sont placés dans une étuve à désinfection par la vapeur ou, à son défaut, soumis à la désinfection par l'acide sulfureux.

8. S'il n'y a pas à bord d'étuve à désinfection par la vapeur qui permette de purifier les matelas, ils sont jetés à la mer en cas de guérison comme en cas de décès des malades.

9. Les logements voisins ont dû être préalablement évacués ; toutefois, si le malade habitait avec plusieurs autres personnes, passagers ou gens d'équipage, un poste commun, ce poste est temporairement évacué puis désinfecté ; et les vêtements et le linge de corps du groupe qui l'occupait sont rigoureusement désinfectés.

10. Pour exécuter la fumigation par la combustion du soufre, on procède de la manière suivante :

On ferme les sabords ou hublots du local à désinfecter ; on colle quelques bandes de papier sur les fissures ou joints qui pourraient laisser échapper les vapeurs sulfureuses ; on asperge largement le plancher d'eau ; du soufre concassé en très petits morceaux est placé dans des vases en terre ou en fer peu profonds, largement ouverts et d'une contenance d'environ un litre.

Les vases en fer doivent être d'une seule pièce, ou rivés sans soudures.

Pour éviter le danger d'incendie dans le cas où les vases contenant le soufre viendraient à se renverser ou à se fondre sous l'action de la chaleur, on place ces récipients au centre de bassins en fer ou de baquets contenant une couche de 5 à 6 centimètres d'eau.

Pour enflammer le soufre, on l'arrose d'un peu d'alcool ou on le recouvre d'un peu de coton largement imbibé de ce liquide auquel on met le feu.

Le soufre étant enflammé, on ferme la porte de la pièce et l'on colle des bandes de papier sur les joints.

La quantité de soufre à brûler pour obtenir une fumigation efficace est de 3o grammes pour chaque mètre cube de l'espace à désinfecter. Si la pièce est d'une grande dimension, on dispose plusieurs récipients qui reçoivent chacun une partie du soufre à brûler.

11. Dans le cas où, malgré les instructions récemment adressées aux consuls français par le Ministre de la marine et malgré l'inspection passée par le médecin du navire au moment de l'embarquement des passagers dans une escale, il aurait été introduit à bord des hardes ou du linge dans un état suspect, ces objets sont purifiés sans délai en cours de voyage, sans attendre l'arrivée au port de destination.

12. Ce qu'il importe surtout de surveiller et de soumettre à la purification immédiate, ce sont les hardes et le linge contenus dans les malles des passagers relevant de maladie, dans les malles des passagers de 3° classe, dans les coffres et sacs divers des marins et soldats rapatriés.

13. La désinfection, régulièrement et énergiquement appliquée avec toutes les précautions qui ont été exposées, donne une garantie sérieuse à la santé publique, et rend le plus souvent la quarantaine inutile à l'arrivée au port de destination.

Il est donc de l'intérêt des grandes compagnies de navigation et des armateurs en général d'exiger des capitaines et des médecins la stricte exécution de ces mesures à bord de leurs navires.

Avec la régularité et la vigueur de l'action à bord pendant le cours du voyage et la sincérité des déclarations à l'arrivée, la rigueur et la durée des mesures de quarantaine aux ports de destination seront considérablement atténuées.

3° MESURES À L'ARRIVÉE.

Les mesures sanitaires à l'arrivée sont déterminées par le titre VI du règlement général de police sanitaire maritime (de l'article 27 à l'article 33) et par les règlements spéciaux concernant le choléra, la fièvre jaune et la peste.

(1) Décret du 22 février 1876. — Titre VI. *Des mesures sanitaires à l'arrivée.*

Art. 27. Tout capitaine arrivant dans un port français est tenu :

1° D'empêcher toute communication, tout déchargement de son navire avant que celui-ci ait été reconnu et admis à libre pratique;

2° De se conformer aux règles de la police sanitaire, ainsi qu'aux ordres qui lui sont donnés par les autorités chargées de cette police;

3° De produire auxdites autorités tous les papiers de bord, de répondre, après avoir prêté serment de dire la vérité, à l'interrogatoire sanitaire, et de déclarer tous les faits, de donner tous les renseignements venus à sa connaissance pouvant intéresser la santé publique.

A. Navires suspects.

Règlement.

La libre pratique n'est accordée qu'après une inspection sanitaire faite de jour et par un médecin, prolongée aussi longtemps qu'il le juge nécessaire; visite médicale qui établit qu'il n'y a à bord ni malade, ni suspect, de peste, de fièvre jaune et de choléra; et que les mesures d'assainissement et de désinfection ont été exécutées d'une façon rigoureuse au moment du départ et pendant la traversée.

1. Passagers. — L'observation sera déterminée par le règlement de police sanitaire maritime; toutefois elle pourra être diminuée, supprimée même, si le navire présente des conditions de garantie particulières (présence à

Art. 28. Peuvent être soumis à de semblables interrogatoires et obligés, sous serment, à de semblables déclarations, les gens de l'équipage et les passagers, toutes les fois qu'il est jugé nécessaire.

Art. 29. Le médecin embarqué, commissionné ou non, est tenu de répondre à l'interrogatoire de l'autorité sanitaire, et, lorsque celle-ci le demande, de présenter par écrit un compte rendu de toutes les circonstances du voyage ayant de l'intérêt pour la santé publique.

Art. 30. Des règlements locaux déterminent les formalités particulières de la police sanitaire à l'arrivée des navires dans nos principaux ports.

Art. 31. Les navires dispensés de produire une patente de santé sont admis à la libre pratique immédiatement après la reconnaissance sanitaire, à moins d'accidents, ou de communications de nature suspecte survenus depuis le départ.

Art. 32. La reconnaissance doit être opérée sans délai, de manière à occasionner le moins de retard possible aux navires.

Elle est pratiquée de nuit toutes les fois que les circonstances le permettent. Cependant, s'il y a suspicion sur la provenance ou sur les conditions sanitaires du navire, l'arraisonnement et l'inspection médicale ne peuvent avoir lieu que de jour.

Art. 33. Les navires munis d'une patente de santé *nette* sont admis immédiatement à la libre pratique, après la reconnaissance ou l'arraisonnement, sauf dans les cas mentionnés ci-après:

A. Lorsqu'un navire, porteur d'une patente nette, a eu à bord, pendant la traversée, des accidents certains ou suspects de peste, de fièvre jaune ou de choléra, ou une maladie grave réputée importable;

B. Lorsque le navire a eu en mer des communications compromettantes;

C. Lorsqu'il présente, à l'arrivée, des conditions hygiéniques dangereuses;

D. Lorsque l'autorité sanitaire a des motifs sérieux de contester la sincérité de la teneur de la patente de santé;

E. Lorsque le navire provient d'un port qui entretient des relations libres avec une localité voisine où règne soit la peste, soit la fièvre jaune, soit le choléra;

F. Lorsque le navire, provenant d'un port où régnait peu auparavant l'une de ces trois maladies, a quitté ce port avant le délai suffisant pour que le pays soit déclaré net.

Dans ces différents cas, le navire, bien que muni d'une patente nette, peut être assujetti au régime de la patente brute.

bord d'un médecin nommé par l'administration sanitaire, existence sur le navire d'une étuve à désinfection par la vapeur, mesures d'assainissement et de désinfection au moment du départ et pendant la traversée) et s'il n'y a à bord aucun individu atteint ni suspect de maladie pestilentielle exotique.

2. S'il en est autrement, l'observation se fera à bord ou mieux dans un lazaret, et on agira à l'égard des passagers comme il sera dit plus tard lorsqu'il sera traité de l'isolement des passagers en cas de navires infectés.

3. NAVIRES. — Au retour d'un voyage pendant lequel le navire a fréquenté des ports contaminés, même lorsqu'il n'y a pas eu de cas d'affection pestilentielle à bord pendant la traversée, des mesures d'assainissement et de désinfection doivent être prises à l'égard des logements des passagers, de l'équipage et des cales (lavage des logements avec solution de chlorure de chaux ou de chlorure de zinc, désinfection des lieux d'aisances avec le sulfate de cuivre, le chlorure de chaux, etc.).

L'exécution de ces prescriptions est du reste un bon moyen de préservation pour le voyage suivant.

4. Dès qu'une cale est vide, les fonds et les anguillers sont largement lavés avec de l'eau de mer lancée par une pompe foulante. Les parois sont lavées avec une solution de chlorure de zinc.

5. Si la cale a contenu des matières animales ou végétales ayant subi un commencement de fermentation ou de décomposition, les lavages indiqués à l'article précédent sont insuffisants; il faut alors procéder à une fumigation sulfureuse avec les précautions déjà indiquées de fermeture hermétique pendant vingt-quatre heures et ensuite d'aération à l'aide de manches à vent ou de ventilateurs.

B. NAVIRES INFECTÉS.

Règlement.

1. MALADES. — Les malades sont immédiatement débarqués dans un lazaret et isolés; leurs déjections sont reçues dans des vases dans lesquels on a préalablement placé une solution désinfectante.

Ces déjections ainsi désinfectées sont jetées dans des fosses d'aisances qui sont elles-mêmes rigoureusement désinfectées.

Les linges souillés sont plongés dans l'eau maintenue bouillante ou dans une solution désinfectante, les vêtements sont placés dans une étuve à désinfection par la vapeur ou, à défaut d'étuve, dans un espace clos dans lequel on dégagera de l'acide sulfureux.

Les cadavres sont enterrés dans un bref délai.

2. PASSAGERS NON MALADES ET ÉQUIPAGE. — Les passagers non malades sont débarqués immédiatement au lazaret.

Ils sont divisés par groupes peu nombreux, de façon que, si des accidents se montraient dans un groupe, la durée de l'isolement ne fût pas augmentée pour tous les passagers.

Le linge sale des passagers est lavé le jour même, après avoir été plongé dans l'eau maintenue bouillante ou dans une solution désinfectante.

Au moment de l'arrivée et avant la libre pratique, les vêtements sont placés dans une étuve à désinfection par la vapeur ou, à défaut d'étuve, dans un endroit clos dans lequel on dégage de l'acide sulfureux.

Des bains ou des douches sont donnés aux passagers; chacun d'eux doit prendre au moins un bain pendant la durée de l'isolement; il reçoit à la sortie du bain du linge propre; son linge sale est immédiatement lavé et passé à l'eau bouillante.

Navires. — Les parois et les parquets des cabines dans lesquelles ont été placés les malades sont grattés, brossés et lavés au moyen d'une solution désinfectante.

Les cabines sont ensuite soumises à une fumigation sulfureuse pendant vingt-quatre heures, puis largement aérées pendant le jour et pendant la nuit.

Le navire est entièrement repeint au lait de chaux; les marchandises et objets susceptibles sont passés à l'étuve; les peaux, si le chargement en comporte, sont exposées aux vapeurs nitreuses.

Toutes les opérations de désinfection du navire sont faites en présence et sous la responsabilité du Directeur de la santé.

la température de l'étuvage et ensuite libre graduée, les éléments sont placés dans une [illegible] de désinfection par la vapeur qui, à départ, [illegible] d'abord, dans un enfumé clos dans le net ou dégage de l'acide sulfureux.

Des bains ou des douches sont données aux passagers, chacun d'eux doit prendre les habits du bain pendant la durée de désinfection; il reçoit à son départ son linge propre, son linge sale est immédiatement lavé et prêt à l'état de séchage.

Hygiène. — [illegible] partie de la propreté [illegible] dans les [illegible] on place les malades sont partout [illegible] baignés ou [illegible], un plongeur d'une solution désinfectante.

Les cabines sont ensuite soumises à une fumigation suffisante, pendant vingt-quatre heures, puis largement aérées pendant le jour et pendant la nuit; [illegible] on fait des chambres, les atmosphères et objets susceptibles sont [illegible], et les peaux, et le changement et cont[illegible], sont exposés aux vapeurs [illegible].

Toutes les opérations de désinfection du navire sont faites en présence et sous la responsabilité du directeur de la santé.